Impressum
Verlag: BABADADA GmbH, Nedderfeld 112 , 22529 Hamburg
Geschäftsführer / Verlagsleitung: Harald Hof
Druck: Books on Demand GmbH, In de Tarpen 42, 22848 Norderstedt

Imprint
Publisher: BABADADA GmbH, Nedderfeld 112 , 22529 Hamburg, Germany
Managing Director / Publishing direction: Harald Hof
Print: Books on Demand GmbH, In de Tarpen 42, 22848 Norderstedt, Germany

duɗal

школа

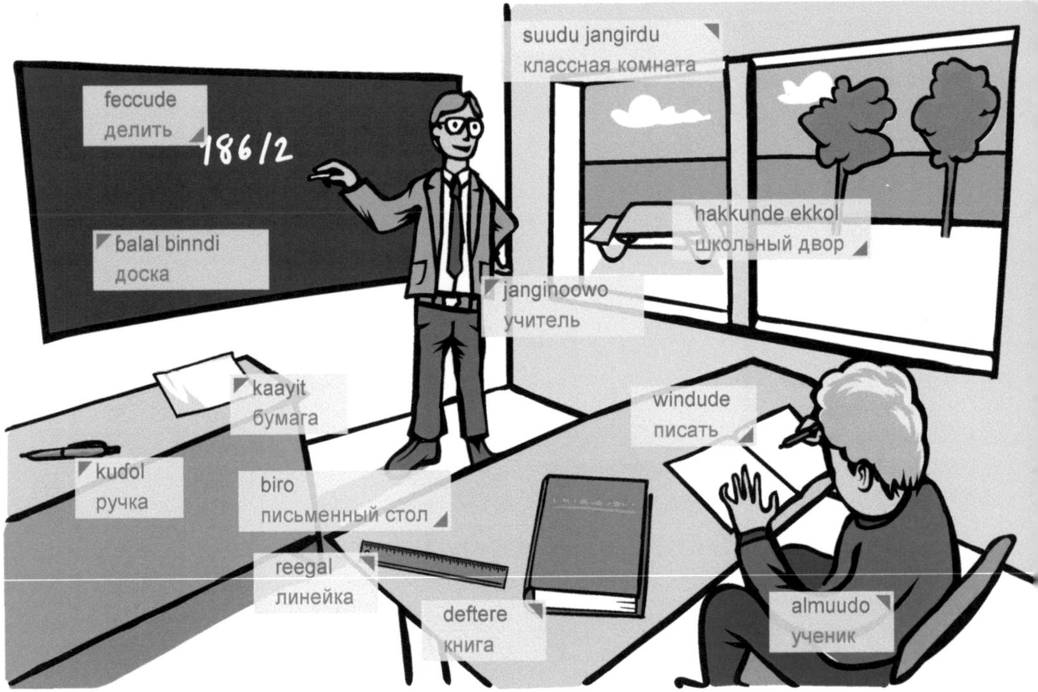
suudu jangirdu
классная комната
feccude
делить
186/2
ɓalal binndi
доска
hakkunde ekkol
школьный двор
janginoowo
учитель
kaayit
бумага
windude
писать
kudol
ручка
biro
письменный стол
reegal
линейка
deftere
книга
almuudo
ученик

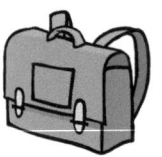

kartaabal

ранец

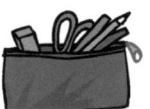

moftirdo kereyonji

пенал

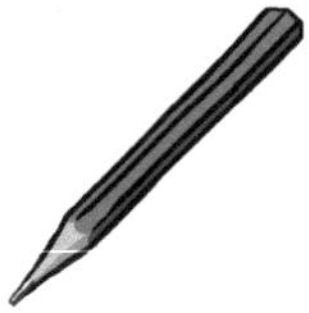

kereyo

карандаш

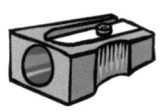

ceeɓnirgel kereyon

точилка

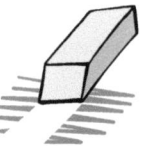

momtirgel

ластик

alluwal ciifirgal

альбом для рисования

ciifgol

рисунок

limsere pentirteeɗo

кисточка

suwo pentirɗo

коробка красок

sisooji

ножницы

ɗakkorgal

клей

deftere ekkorgal

тетрадь

golle janŋde

домашняя работа

niimara

цифра

beydude

прибавлять

ustude

вычитать

beydude keeweendi

умножать

qimaade

считать

bataake

буква

karfeeje

алфавит

kongol

слово

bindol

текст

jangude

читать

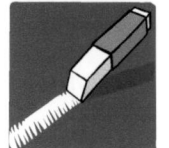

bindirgal

мел

darsu

урок

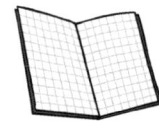

winditaade

классный журнал

egsame

экзамен

sartifika

диплом

comcol duɗal

школьная форма

janŋde

образование

ansikolopedi

энциклопедия

duɗal jaaɓi haɗtirde

университет

mikoroskop

микроскоп

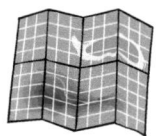

kartal

карта

suwo kurjut

корзина для бумаг

ɗannagol
путешествие

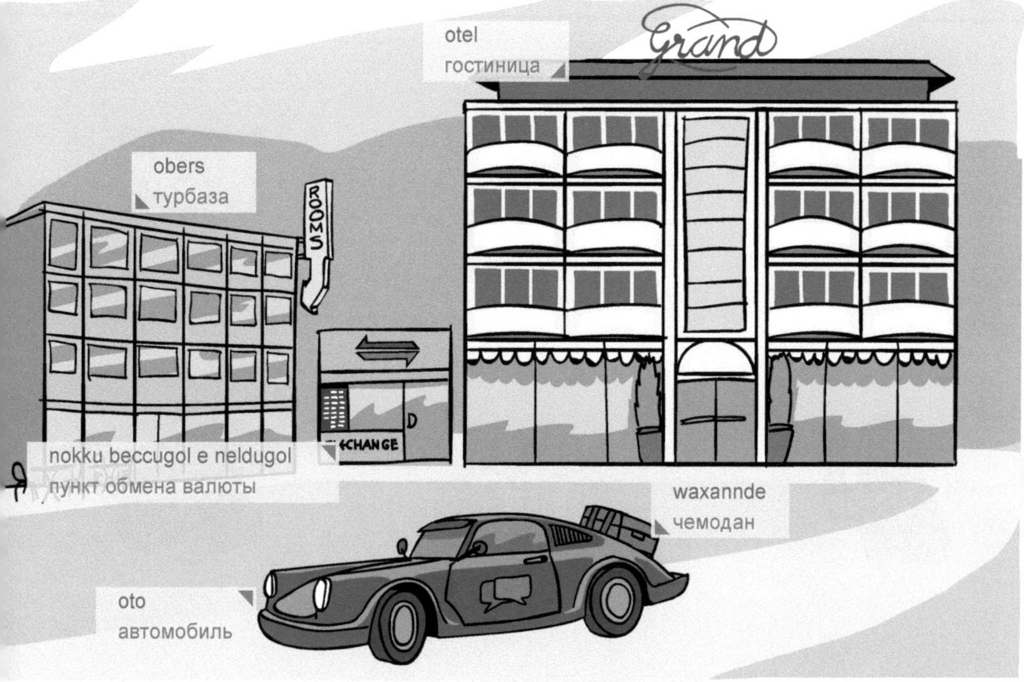
otel
гостиница
Grand
obers
турбаза
ROOMS
EXCHANGE
nokku beccugol e neldugol
пункт обмена валюты
waxannde
чемодан
oto
автомобиль

ɗemngal

язык

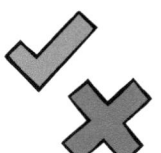

Eey / ala

да / нет

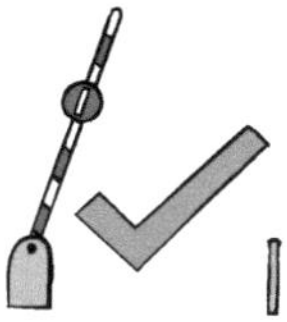

Moƴƴi

хорошо

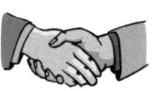

mbaɗɗa

Привет

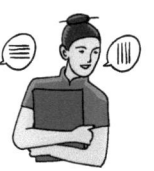

pirtoowo

переводчик

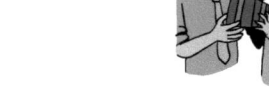

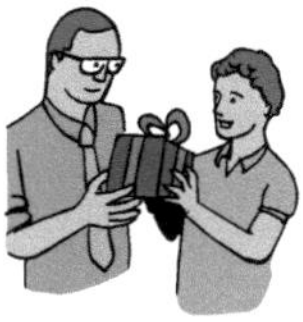

A jaraama

Спасибо

no foti…?

Сколько стоит…?

Mi faamaani

Я не понимаю

hanmi

проблема

Jam hiri!

Добрый вечер!

Jam waali!

Доброе утро!

Mbaalen e jam!

Доброй ночи!

ñande wodnde

До свидания

laawol

направление

bagaas

багаж

saawdu

сумка

saawdu wambateendu

рюкзак

kodo

гость

suudu

комната

njegenaaw

спальный мешок

caalel ladde

палатка

kabaruuji tuurist

туристическая
информация

tufnde

пляж

kartal banke

кредитная карточка

kacitaari

завтрак

bottaari

обед

hiraande

ужин

biye

билет

suutde

лифт

tampon

почтовая марка

keerol

граница

duwaan

таможня

ambasad

посольство

wiisa

виза

paaspoor

паспорт

taraspoor

транспорт

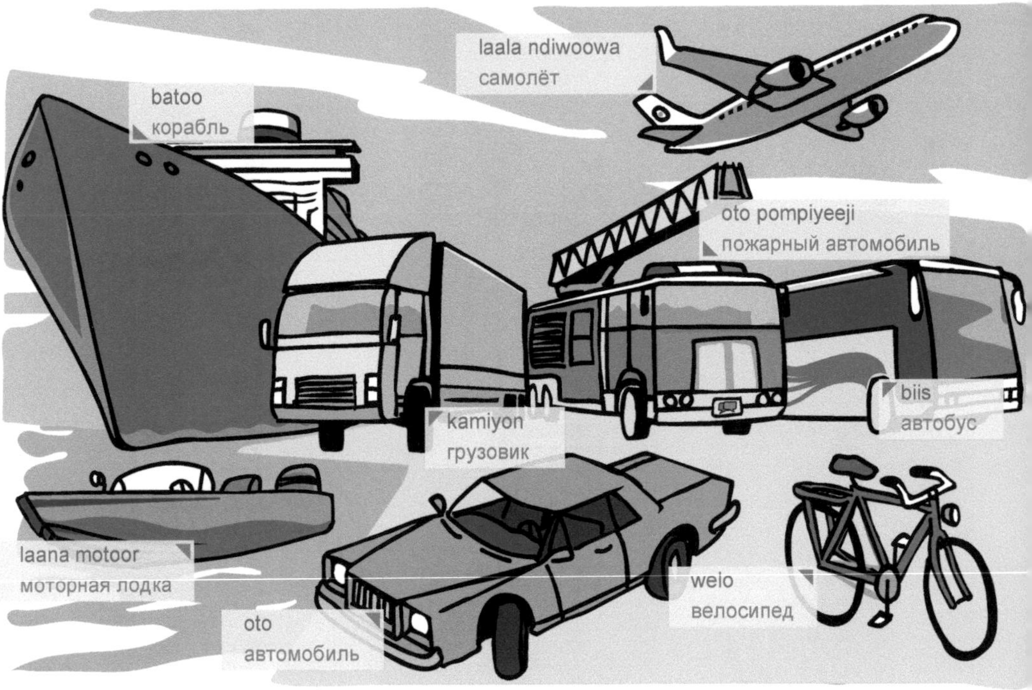
laala ndiwoowa
самолёт
batoo
корабль
oto pompiyeeji
пожарный автомобиль
biis
автобус
kamiyon
грузовик
laana motoor
моторная лодка
weio
велосипед
oto
автомобиль

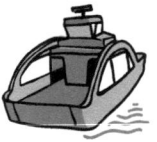

batoo
паром

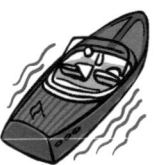

laana
лодка

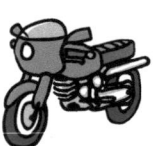

welo
мотоцикл

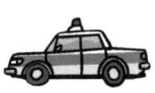

oto polis
полицейский автомобиль

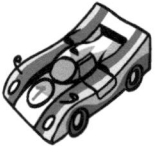

oto dogirteeɗo
гоночный автомобиль

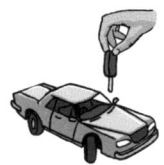

oto luwateeɗo
арендованный автомобиль

dendugol oto

совместное пользование
автомобилями

oto dandoowo goɗɗo

буксировочный
автомобиль

oto kurjut

мусоровоз

motoor

двигатель

karbiran

топливо

nokku esaans

заправка

tintinooje yaangarta

дорожный знак

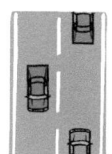

yaa ngarta

движение

jiibo yaa ngarta

пробка

dingiral otooji

автостоянка

dingiral laana leydi

вокзал

laabi

рельсы

laana leydi

поезд

laana ndegoowa

трамвай

saret

вагон

elikopteer

вертолёт

ayrepoor

аэропорт

tuur

вышка

wonɓe e laana

пассажир

konteneer

контейнер

karton

коробка

duñirgel kaake

тележка

basket

корзина

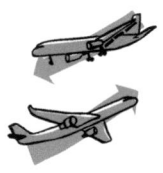

diwde / juuraade

взлетать / приземляться

wuro mowngu

город

wuro

деревня

hakkunde wuru wowngo

центр города

galle

дом

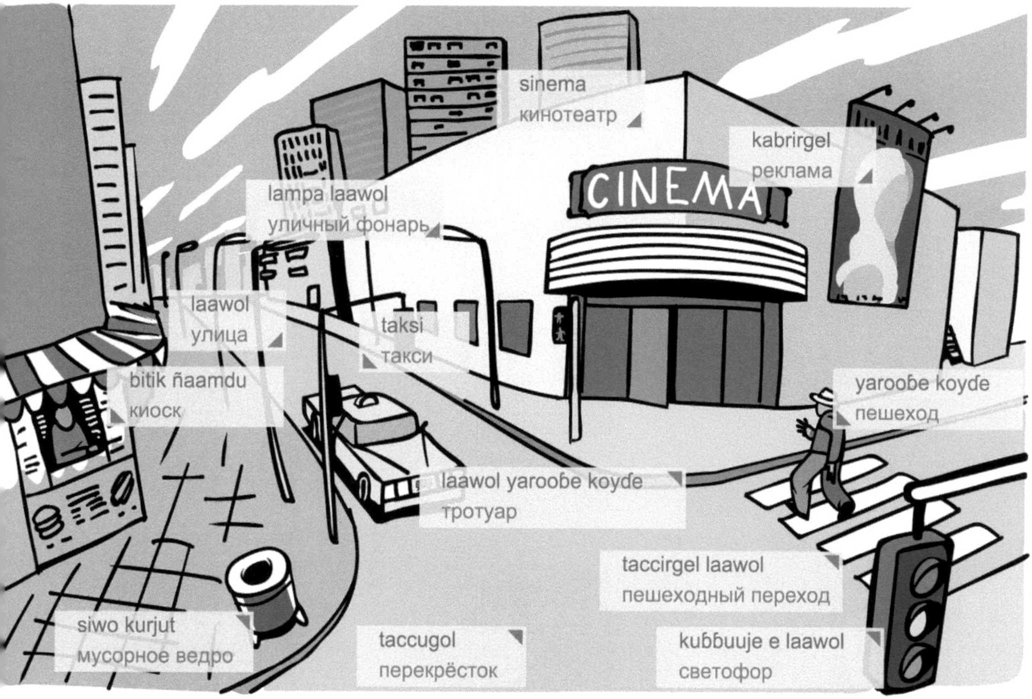

sinema
кинотеатр
CINEMA
kabrirgel
реклама
lampa laawol
уличный фонарь
laawol
улица
taksi
такси
bitik ñaamdu
киоск
yarooɓe koyɗe
пешеход
laawol yarooɓe koyɗe
тротуар
taccirgel laawol
пешеходный переход
siwo kurjut
мусорное ведро
taccugol
перекрёсток
kuɓɓuuje e laawol
светофор

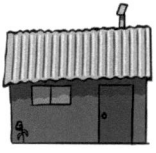

tiba

хижина

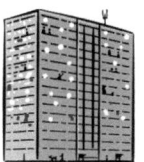

ko foti

квартира

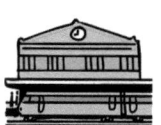

dingiral laana leydi

вокзал

meeri

ратуша

MUSEUM

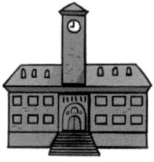

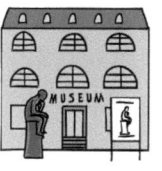

miise

музей

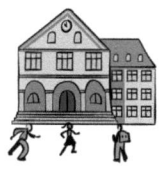

duɗal

школа

duɗal jaaɓi haɗtirde

университет

banke

банк

suudu safirdu

больница

otel

гостиница

farmasi

аптека

gollirgal

офис

suudu defte

книжный магазин

bitik

магазин

jeyoowo fuloraaji

цветочный магазин

sipermarse

супермаркет

jeere

рынок

madase mawɗo

универмаг

jeyoowo liɗɗi

торговец рыбой

nokku coodateeɗo

торговый центр

poor

порт

park

парк

joodorgal

скамейка

taccirgal

мост

ŋabbirɗe

лестница

laawol metero

метро

laawul les leydi

тоннель

fongo biis

автобусная остановка

baar

бар

restora

ресторан

buwaat postaal

почтовый ящик

lewñowel laawol

табличка с названием улицы

to otooji ndaroto

паркометр

nokku kullon

зоопарк

pisin

бассейн

jama

мечеть

ngesa

ферма

gakkingol hendu

загрязнение окружающей среды

bammule

кладбище

egiliis

церковь

dingiral

детская площадка

tampl

храм

yiyande taariinde
ландшафт

baramlefol
лист

tugayal tintinirgal
дорожный указатель

laawol
дорога

Huɗo sukkuko
луг

haayre
камень

lekki
дерево

ŋayloowo
путешественник

maayo
река

huɗo
трава

fuloor
цветок

nokku kaañe mawɗe to
ndiyam dogata
долина

waande

гора

weedu

озеро

ladde

лес

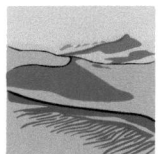

ladde yoornde

пустыня

wolkan

вулкан

satoo

замок

timtimol

радуга

sampiñon

гриб

leki palm

пальма

ɓowngu

комар

diwde

муха

njabala

муравей

mbuubu ñaak

пчела

njabala

паук

yiyande taariinde - ландшафт   15

hoowoyre keppoore

жук

faabru

лягушка

doomburu ladde

белка

sammunde

еж

fowru

заяц

pubbuɓal

сова

colel

птица

kakeleewal ladde

лебедь

mbabba tugal

кабан

lella

олень

Nagge nde gallaɗi cate

лось

baraas

плотина

masiŋel battowel hendu jeynge

ветряной генератор

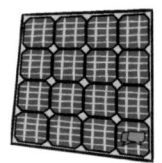

Lowowel nguleeki

солнечная батарея

kilima

климат

restora

ресторан

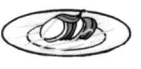

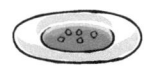

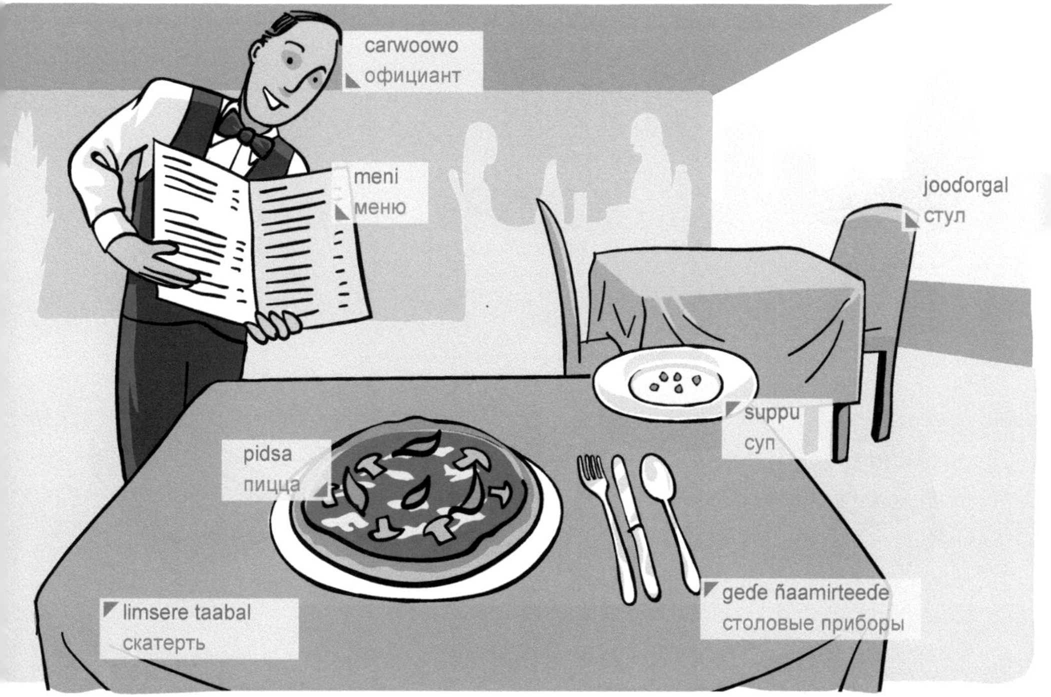
carwoowo
официант
meni
меню
joodorgal
стул
suppu
суп
pidsa
пицца
geɗe ñaamirteeɗe
столовые приборы
limsere taabal
скатерть

tongitirgel

закуска

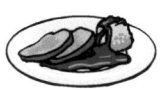

ñaamdu nguraandi

главное блюдо

tuftorogol

десерт

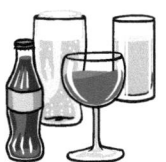

njaram

напитки

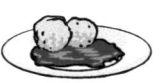

ñaamdu

еда

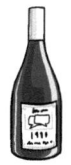

butel

бутылка

fast fud

фастфуд

ñaamdu laawol

уличная еда

baraade

чайник

cupayel suukara

сахарница

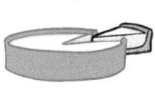

geɗel

порция

Masiŋ kafe

кофеварка

jooɗorgal toowngal

детский стульчик

biye

счет

ñorgo

поднос

paaka

нож

furset

вилка

kuddu

ложка

nokkere kuddu

чайная ложка

sarbet

салфетка

weer

стакан

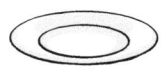

palaat

тарелка

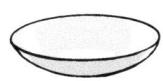

palaat suppu

суповая тарелка

cupayel

блюдце

soos

соус

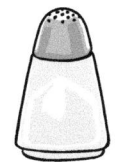

pot lamďam

солонка

moññirgal poobar

мельница для перца

bineegara

уксус

nebam

масло

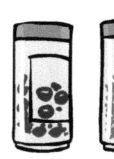

kaaďnooje

специи

ketsap

кетчуп

muttard

горчица

mayonees

майонез

sipermarse

супермаркет

ngustugul coggu
специальное предложение
FOR
kiliyaan
покупатель
kosameeje
молочные продукты
ɓikkon leɗɗe
фрукты
daasirgel
тележка для покупок

BUTCHERS

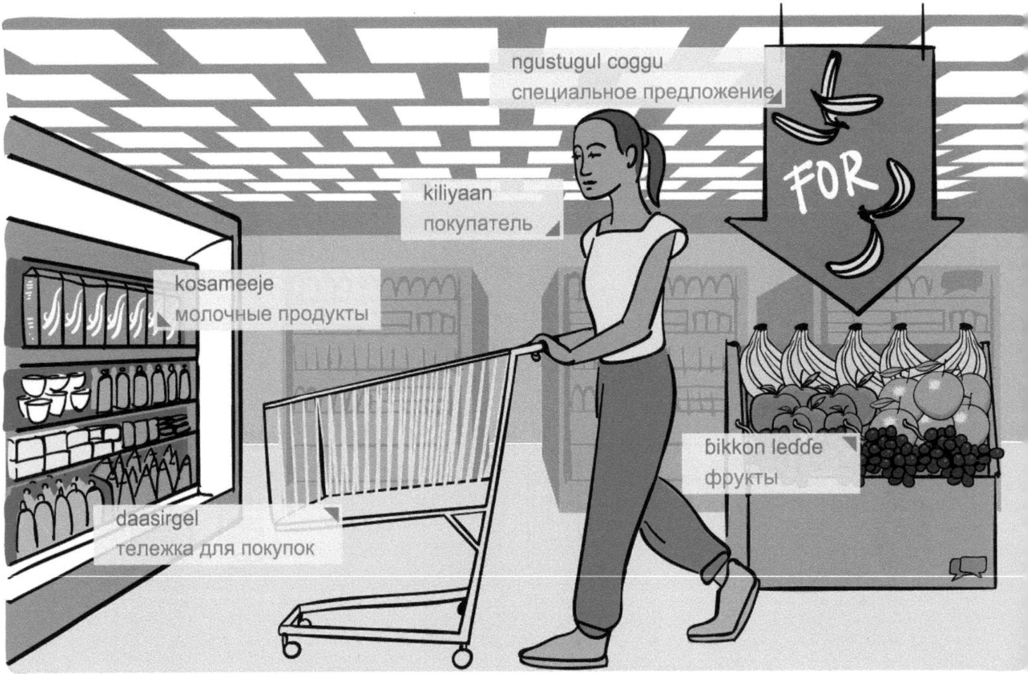

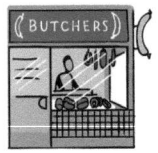

jeyoowo teew nagge

мясной магазин

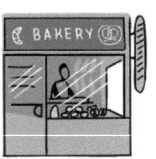

BAKERY

juɗoowo mburu

пекарня

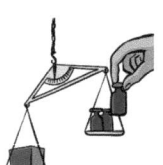

ɓetde

взвешивать

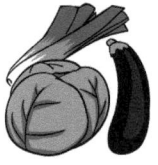

lijim

овощи

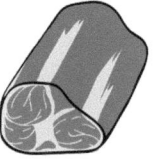

teew

мясо

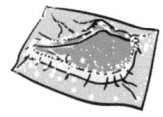

ñaamdu ɓumnaandu

быстрозамороженные продукты

teew moftaaɗo

нарезка

ñaamdu nder buwat

консервы

condi lawyĩrteendu

стиральный порошок

bonboonji

сладости

geɗe ngurdaaɗe

предмет домашнего
обихода

porodiwiiji laaɓnirni

моющее средство

julaaajo

продавщица

haa

касса

kestotooɗo

кассир

limto coodateeɗi

список покупок

waktuuji golle

время работы

kalbe

бумажник

kartal banke

кредитная карточка

saak

сумка

saak dalli

полиэтиленовый пакет

ndiyam

вода

njaram

сок

kosam

молоко

ÿulmere

кока-кола

sangara

вино

sangara

пиво

sangara

алкоголь

kakao

какао

ataaya

чай

kafe

кофе

kafe jon jooni

эспрессо

kafe italinaabe

капучино

banaana

банан

pom

яблоко

oraas

апельсин

dende

арбуз

limonŋ

лимон

karot

морковь

laay

чеснок

lekki bambu

бамбук

basalle

лук

sampiñon

гриб

gerte

орехи

espageti

лапша

espageti

спагетти

maaro

рис

salaat

салат

firit

картофель фри

faatat cahaaɗo

жареный картофель

pidsa

пицца

amburgeer

гамбургер

sandiwis

сэндвич

buhal baddangal e lijim

шницель

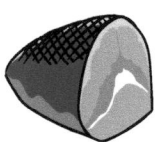

buhal teew

ветчина

kaane biyeteeɗo sosison

салями

sosis

колбаса

gertogal

курица

defaɗum

жаркое

liingu

рыба

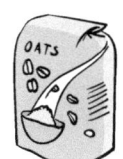

ndefu gabbe kuwakeer

овсяные хлопья

njilɓundi aɓuwaan e gabbe goɗɗe

мюсли

kornfelek

кукурузные хлопья

farin

мука

kurwasa

круассан

pe o le

булочка

mburu

хлеб

mburu juɗaaɗo

тост

mbiskit

печенье

nebam boor

масло

kosam kaaɗɗam

творог

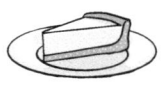

gato

пирог

boccoonde

яйцо

moccoonde fasnaande

яичница

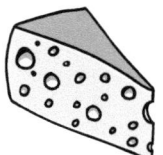

foromaas

сыр

kerem galaas

мороженое

suukara

сахар

njuumri

мёд

teew nagge

мармелад

nirkugol sokkola

крем с нугой

suppu kaane

карри

ngesa
ферма

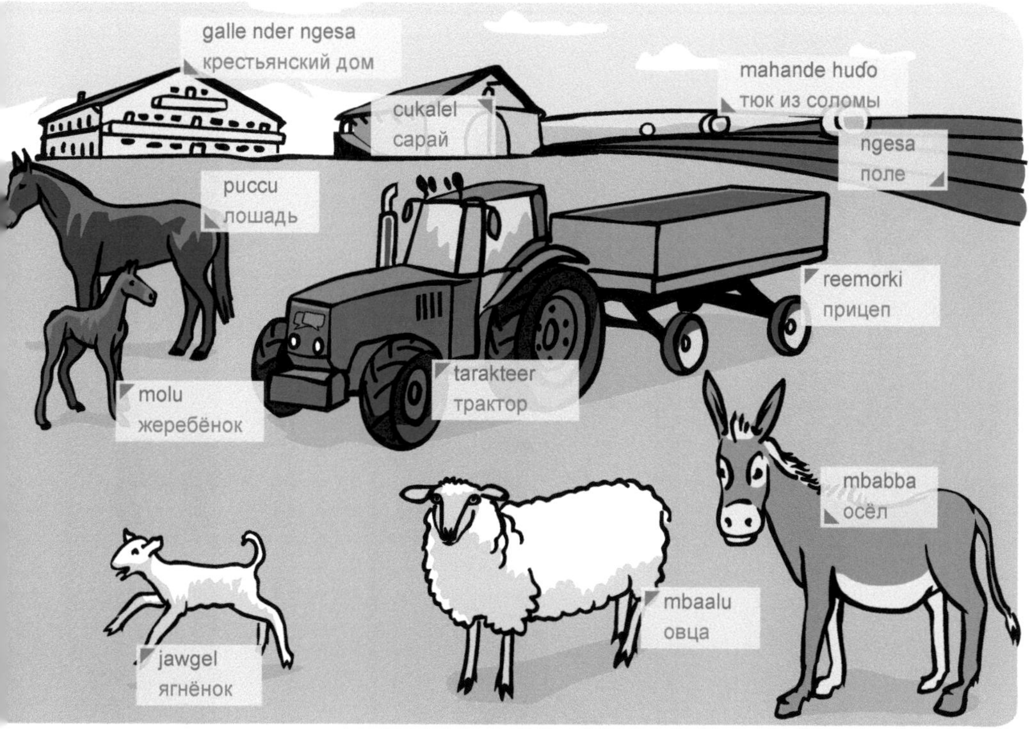

galle nder ngesa
крестьянский дом
cukalel
сарай
mahande huɗo
тюк из соломы
ngesa
поле
puccu
лошадь
reemorki
прицеп
tarakteer
трактор
molu
жеребёнок
mbabba
осёл
mbaalu
овца
jawgel
ягнёнок

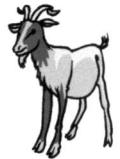

ndamdi

коза

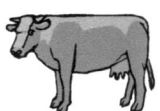

nagge

корова

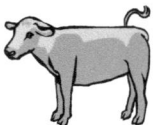

mbeewa

телёнок

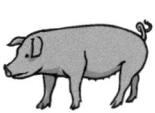

mbabba tugal

свинья

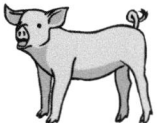

ɓingel mbabba tugal

поросёнок

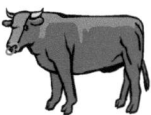

ngaari ladde

бык

jarlal ladde

гусь

gerlal

утка

cofel

цыплёнок

jarlal

курица

ngori

петух

doomburu

крыса

ullundu

кошка

doomburu

мышь

nagge

вол

rawaandu

собака

nokku dawaaɗi

конура

tiwo sardin

садовый шланг

doosirgal

лейка

wofdu mawndu

коса

masiŋ demoowo

плуг

wofdu

серп

coppirgal

мотыга

rato

навозные вилы

hakkunde

топор

buruwet

тачка

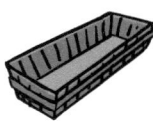

mbalka

корыто

kosam buwat

бидон для молока

saak

мешок

kalasal galle

забор

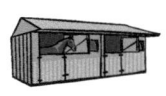

nokku pucci

хлев

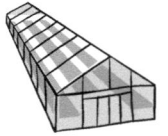

inexistant

теплица

leydi

почва

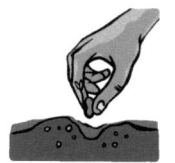

abbere

посев

nguurtinooje leydi

удобрение

masinŋ coñirteeɗo

комбайн

soñde

собирать урожай

soñde

урожай

ñambi

ямс

bele

пшеница

soja

соя

faatat

картофель

maka

кукуруза

abbere lekki kolsa

рапс

lekki firwiiji

фруктовое дерево

ñambi

маниок

sereyaai

злаки

galle
дом

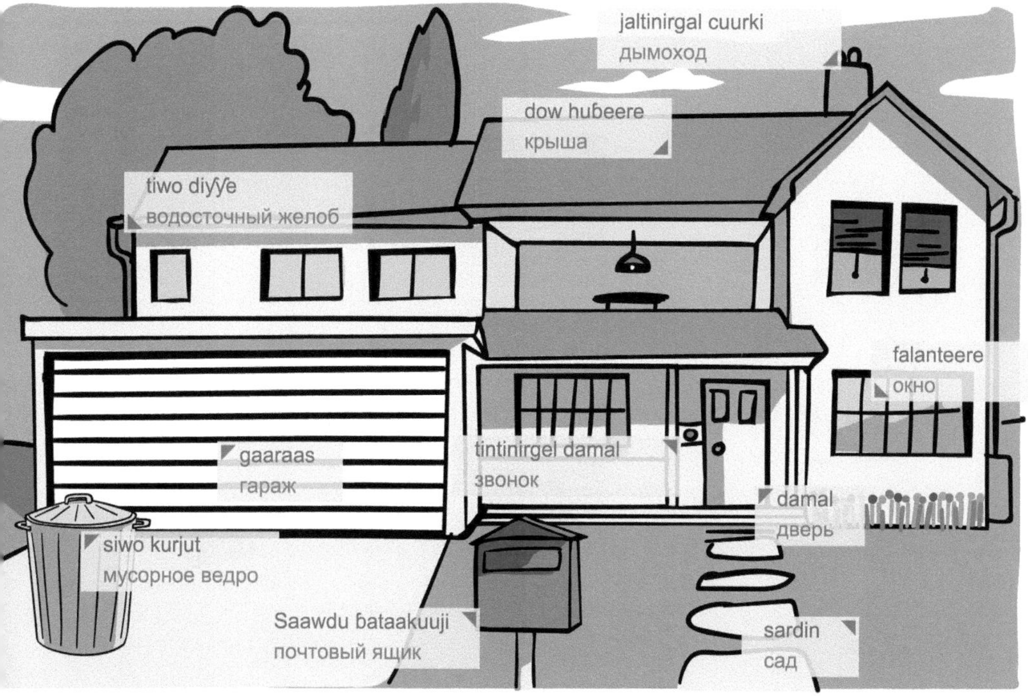

jaltinirgal cuurki
дымоход
dow hubeere
крыша
tiwo diyƴe
водосточный желоб
falanteere
окно
gaaraas
гараж
tintinirgel damal
звонок
damal
дверь
siwo kurjut
мусорное ведро
Saawdu bataakuuji
почтовый ящик
sardin
сад

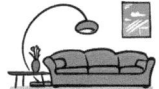

suudu yeewtere

гостиная

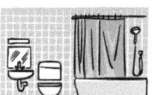

tarodde

ванная комната

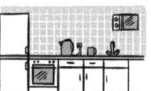

waañ

кухня

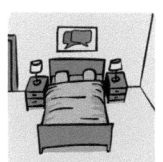

suudu waalduru

спальня

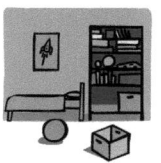

suudu sakaaɓe

детская комната

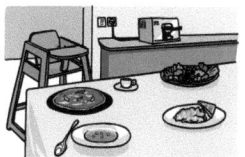

suudu hiraande

столовая

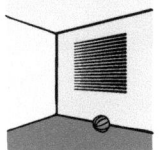

karawal

пол

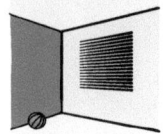

balal

стена

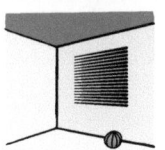

asamaan suudu

потолок

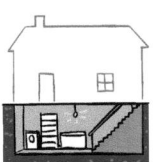

faawru

подвал

soona e demngal farase

сауна

balko

балкон

teeraas

терраса

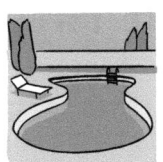

pisin

бассейн

keefoowo hudo

газонокосилка

darap

пододеяльник

darap

покрывало

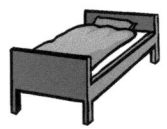

leeso

кровать

pittirgal

метла

suwo

ведро

ñifirgel

выключатель

suudu yeewtere
гостиная

nataal
обои
nataal
рисунок
lampa
лампа
etaseer
полка
bahe
шкаф
tele
телевизор
jaltinirgel cuurki
камин
fuloor
цветок
njegenaaw
подушка
fotooy
диван
ciwirgal njaram
ваза
deengol ko woɗɗi
пульт дистанционного управления

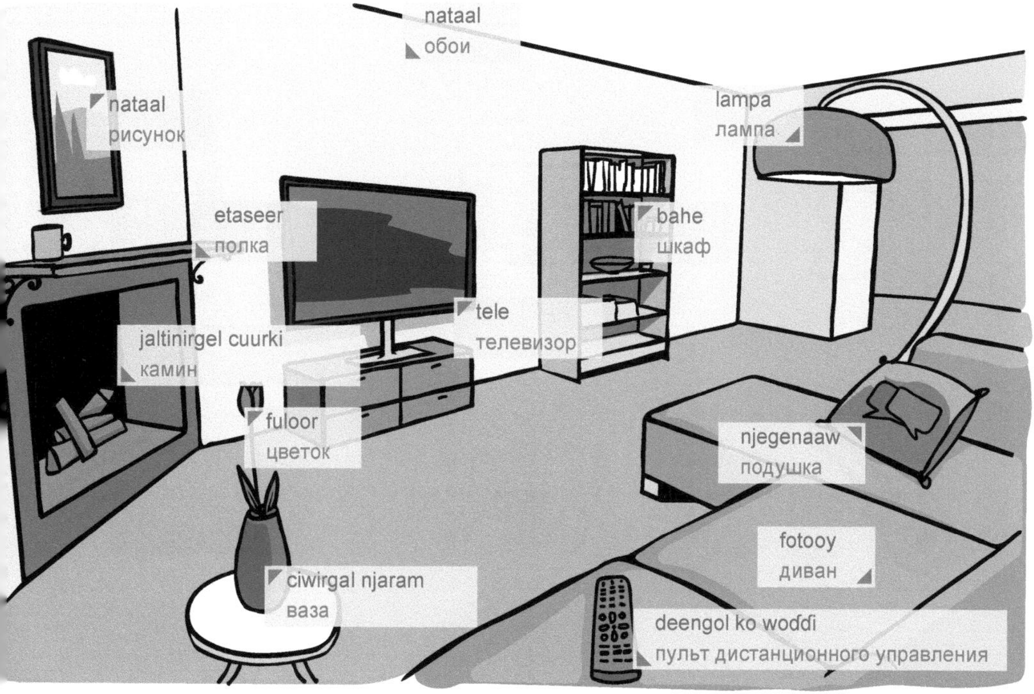

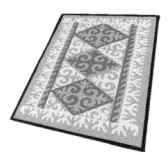

tappi

ковёр

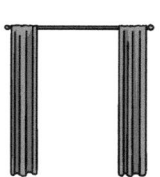

rido

штора

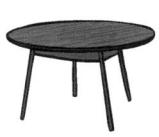

taabal

стол

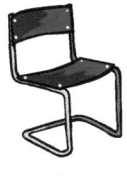

jooɗorgal

стул

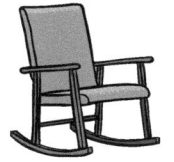

jooɗorgal timmungal

кресло-качалка

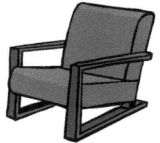

jooɗorgal tuggateengal

кресло

deftere

книга

cuddirgal

покрывало

jooɗnugol

украшение

leɗɗe kuɓɓateeɗe

дрова

filmo

фильм

materiyel hi-fi

стереосистема

coktirgal

ключ

kaayit kabaruuji

газета

pentirgol

картина

posteer

плакат

rajo

радио

teskorgel

блокнот

ɓoɗowel pusiyeer

пылесос

kaktis

кактус

sondel

свеча

waañ
кухня

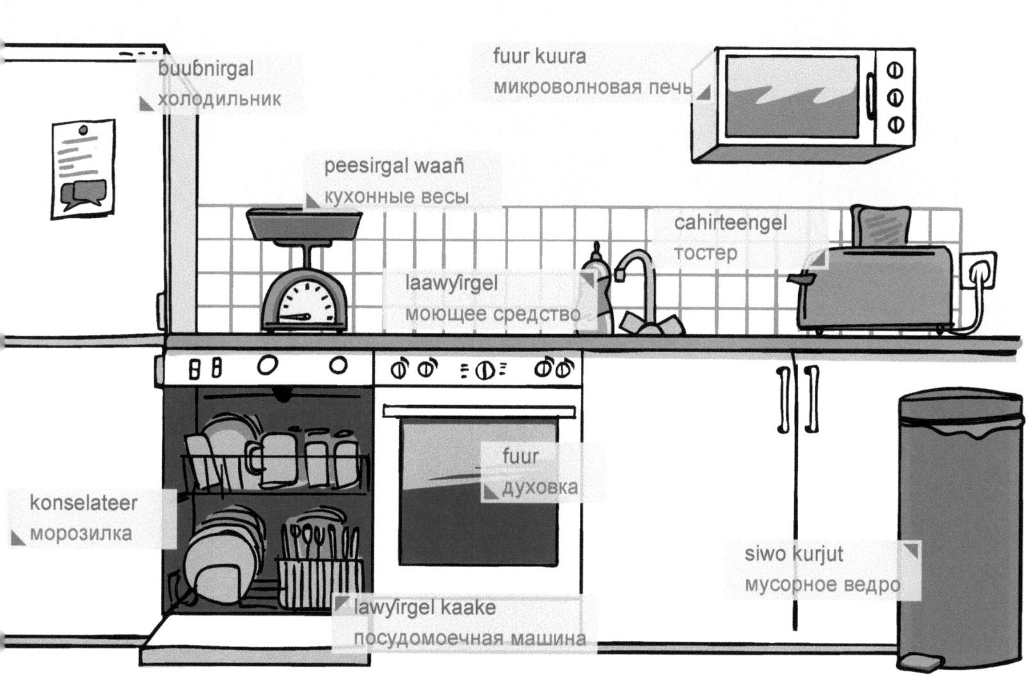

buuɓnirgal
холодильник
fuur kuura
микроволновая печь
peesirgal waañ
кухонные весы
cahirteengel
тостер
laawyirgel
моющее средство
fuur
духовка
konselateer
морозилка
siwo kurjut
мусорное ведро
lawyirgel kaake
посудомоечная машина

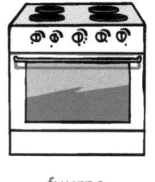

fuurno

плита

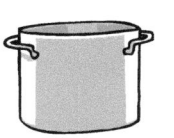

pot

кастрюля

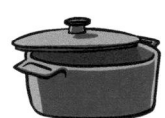

barme

чугунный котелок

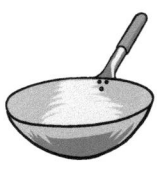

kasorol

вок / кадай

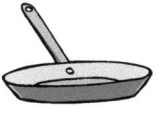

kasorol

сковорода

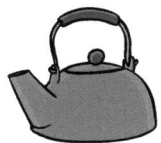

satalla

чайник

suppere defirteende

пароварка

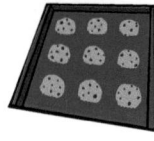

pool defirteeɗo

противень

lawỹugol kaake

посуда

pot jarduɗo

кружка

suppeere

миска

ñibirgon ñaamdu

палочки для еды

kuddu luus

половник

kayit ɗakirteeɗo

лопатка

iirtude

сбивалка

ceɗirgel

сито

tame

сито

keefirgel

тёрка

moññirgal

ступка

juɗgol

гриль

jeyngol e henndu

костёр

coppirgal

доска

degnirgel ñaamdu feewnateendu

скалка

udditirgel butel

штопор

buwaat

жестяная банка

udditirgel buwat

консервный нож

nangirgel pot

прихватка

siimtude

раковина

boros

щетка

eppoos

губка

jiibirgel

миксер

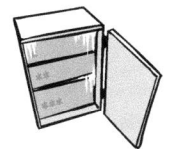

battowel galaas

морозильная камера

jardugel tiggu

бутылочка для кормления

robine

кран

tarodde

ванная комната

lootogol
душ
gulnirgel suudo
отопление
momtirgel
полотенце
birnirgel lootorgal
душевая занавеска
lootogol e ngufu
пенистая ванна
ngaska buftorteengo
ванна
weer
стакан
masinŋ lootnoowo
стиральная машина
robine
кран
kette senge
плитка
potsamburu
горшок
siimtude
раковина

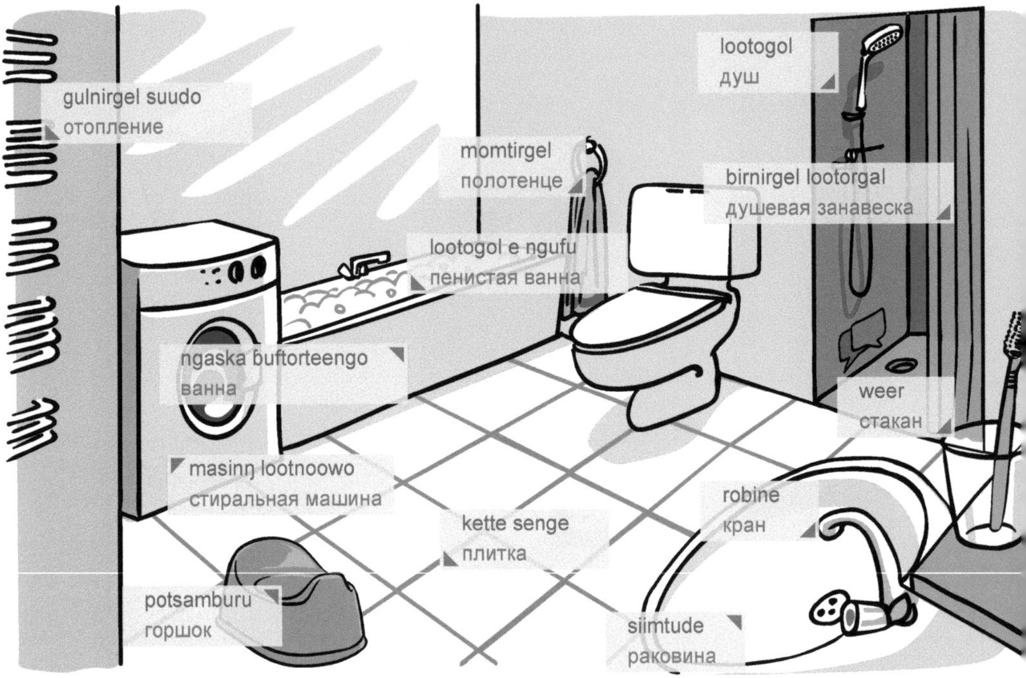

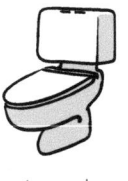

taarorde

туалет

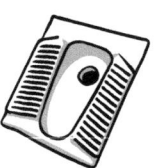

joɗorgal kuwirteengal

напольный унитаз

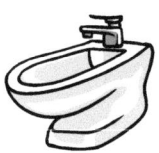

biisirgel ndiyam

биде

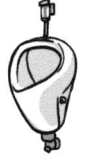

taarodde

писсуар

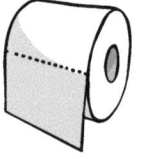

kaayit momtirɗo

туалетная бумага

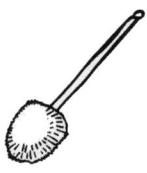

boros taarorde

ершик

coccorgal ƴiiye

зубная щетка

sabunde ƴiiye

зубная паста

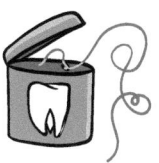

gaarowol ñiire

зубная нить

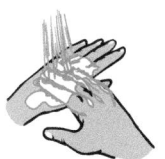

lawƴude

мыть

boggol lootirteengol

ручной душ

buftogol

интимный душ

loowirteengel

таз

demirgel huɗo

щетка для спины

sabunnde

мыло

saabunde buftorteende

гель для душа

sampoye

шампунь

limsere wiro

мочалка

ciiygol

сток

kerem

крем

uurnirgel

дезодорант

daandorgal

зеркало

daandorgal pamoral

ручное зеркало

pembirgel

бритва

ngufu pembol

пена для бритья

moomiteengel pembol

лосьон после бритья

yeesoode

расческа

boros

щетка

joornirgel sukunndu

фен

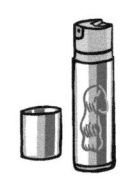

peewnirgel sukunndu

лак для волос

makiyaas

косметика

joodirgel toni

губная помада

momtirgel cegeneeji

лак для ногтей

garowol wiro

вата

siso cegeneeji

маникюрные ножницы

parfon

духи

waxande lootorgal
косметичка

kuudi
табуретка

peesirgal
весы

wutte cuftorteeɗo
халат

gaŋuuji dalli
резиновые перчатки

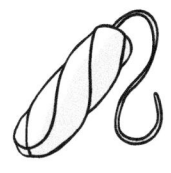

momtirer ɣiiɣam ella
тампон

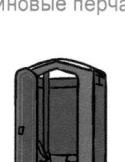

kuus tiggu
гигиеническая прокладка

lootogol simik
биотуалет

suudu sakaaɓe

детская комната

pindinirgel
будильник
kullel fijirde
мягкая игрушка
oto pijirgel
игрушечный автомобиль
dillere
погремушка
galle pijirgel
кукольный домик
hannde
подарок

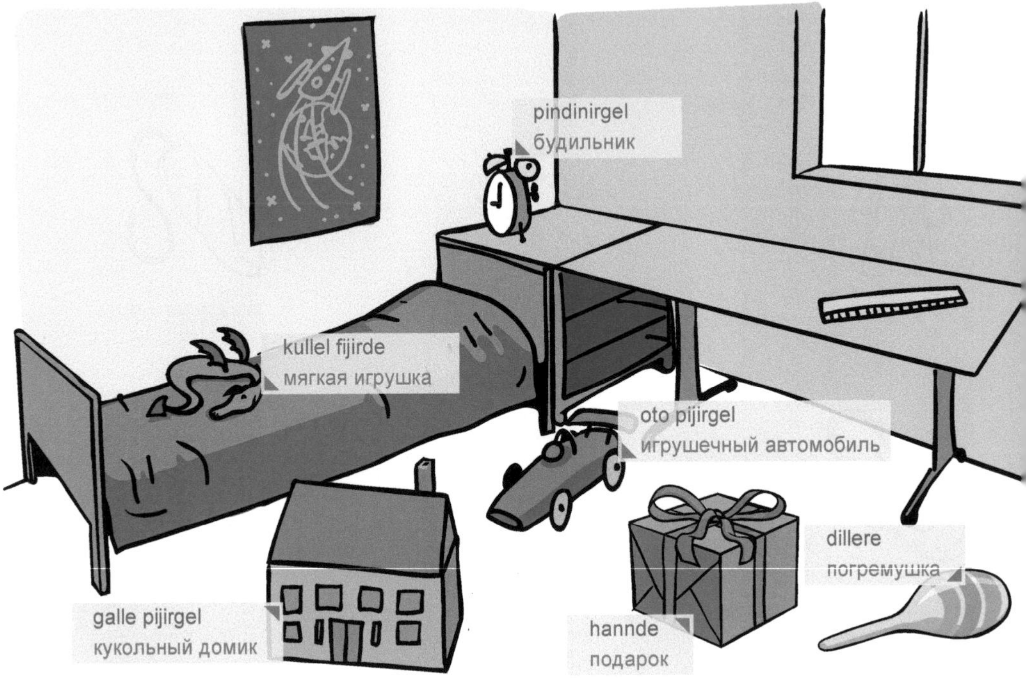

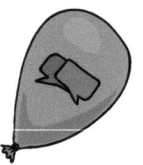

sumalle dalli

воздушный шар

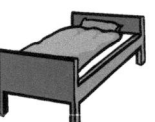

leeso

кровать

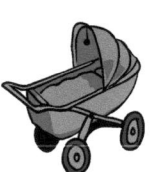

duñirgel tiggu

детская коляска

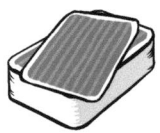

nokkere karte

карточная игра

fijirde lombondirgol

пазл

SUPER
MEGA

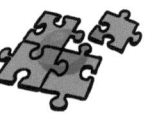

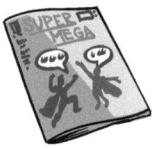

njalniika

комикс

pijirgel tuufeeje

кирпичики Лего

tuufeeje

кубики

pijirgel

игрушечная фигурка

comcol tiggu

ползунки

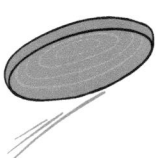

palaat diwwoow

фрисби

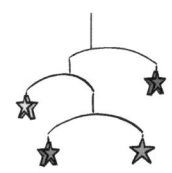

noddirgel

мобиле

pijirgel

настольная игра

dee

кубик

ñemtinirgel laana ndegoowa

модель железной дороги

neɗɗo fuuunti

соска

fijirde

вечеринка

deftere nate

книга с картинками

bal

мяч

puppe

кукла

fijde

играть

mbalka ceenal

песочница

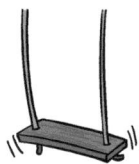

beeltirgal

качели

pijirgel

игрушка

pijiteengel see widewo

игровая приставка

welo biifi tati

трёхколесный велосипед

pijirgel kullel urs

плюшевый медвежонок

armuwaar

шкаф для одежды

comcol

одежда

kawase

носки

kawase

чулки

tuubayon bittukon

колготки

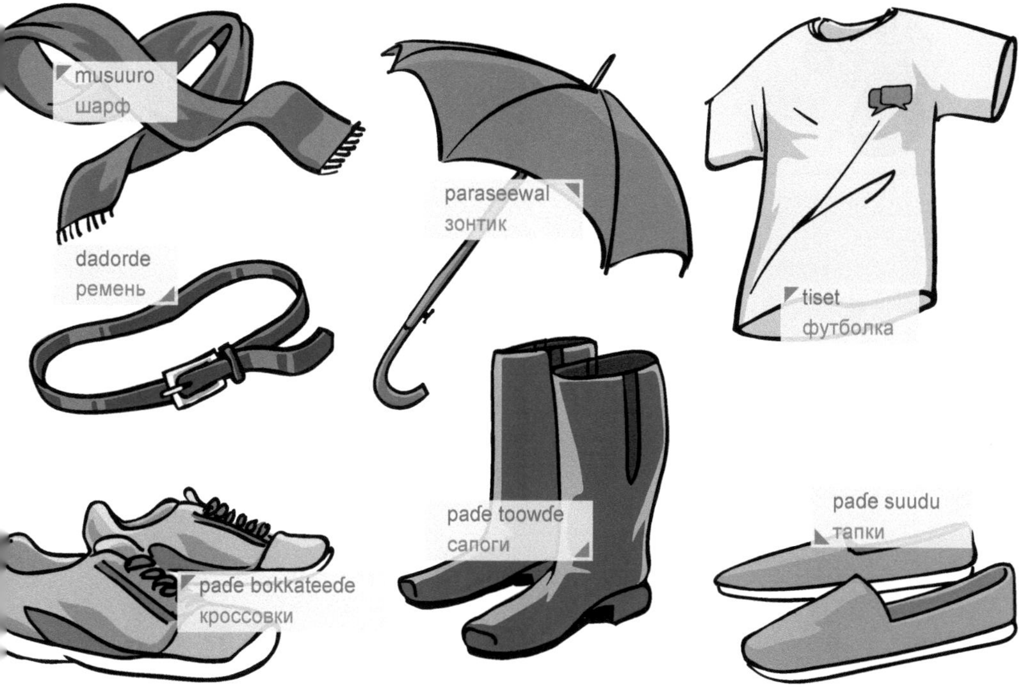

musuuro
шарф

dadorde
ремень

paraseewal
зонтик

tiset
футболка

paɗe bokkateeɗe
кроссовки

paɗe toowɗe
сапоги

paɗe suudu
тапки

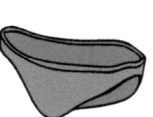

paɗe diwa

сандалии

paɗe

ботинки

paɗɗe toowɗe lirotooɗe

резиновые сапоги

cakkirɗi

трусы

sucengors

бюстгальтер

silet

майка

banndu

боди

tuuba

брюки

jiin

джинсы

robbo

юбка

buluson

блузка

simis

рубашка

piliweer

свитер

weste nebbu

свитер

layset

спортивная куртка

jaget

жакет

weste juuddo

пальто

wutte tobo

плащ

kostim

костюм

robbo

платье

robbo yange

свадебное платье

weste

мужской костюм

wutte baalduɗo

ночная сорочка

pijama

пижама

sari

сари

muusooro

платок

kaala

тюрбан

kaala

паранджа

sabndoor

кафтан

abbaay

абайя

comcol lumbirogol

купальник

cakkirɗi

плавки

kilot

шорты

joogin

спортивный костюм

limsere deffowo

фартук

gaɲuuji

перчатки

boɗɗirgel

пуговица

lone

очки

jawo

браслет

cakka

цепочка

feggere

кольцо

hootonde

серьга

laafa

шапка

liggirgal weste

вешалка

laafa

шляпа

karawat

галстук

zip

застежка молния

laafa ndeenka

шлем

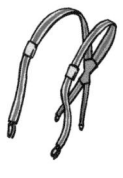

ganŋ

подтяжки

comcol duɗal

школьная форма

iniform

форма

sarbetel daande

детский нагрудник

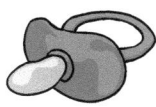

neɗɗo fuuunti

соска

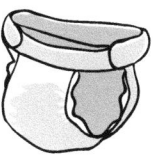

kuus

подгузник

gollirgal
офис

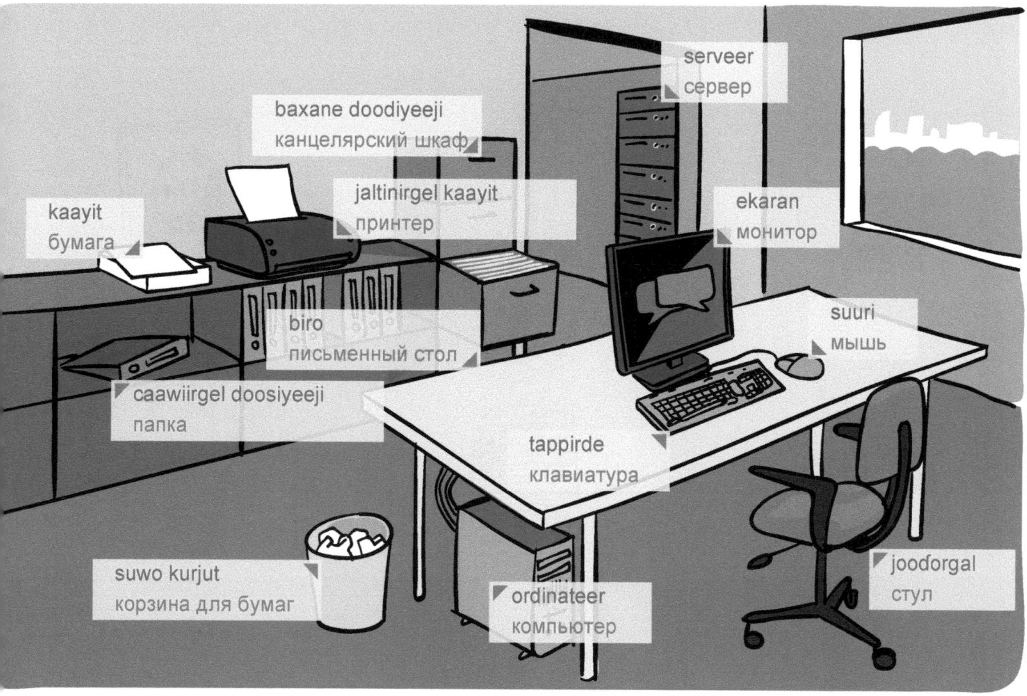

baxane doodiyeeji
канцелярский шкаф

jaltinirgel kaayit
принтер

serveer
сервер

ekaran
монитор

kaayit
бумага

biro
письменный стол

suuri
мышь

caawiirgel doosiyeeji
папка

tappirde
клавиатура

suwo kurjut
корзина для бумаг

ordinateer
компьютер

jooɗorgal
стул

kuppu kafe

кофейная кружка

qiimorgal

калькулятор

enternet

интернет

ordinateer beelnateeɗo

ноутбук

ɓataake

письмо

ɓataake

сообщение

noddirgel

мобильный телефон

reso

сеть

cottitirgel

ксерокс

losisiyel

программа

noddirgel

телефон

ceŋirgel ɓoggol kuura

розетка

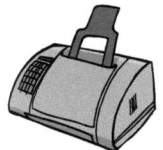

masinŋ faks

факс

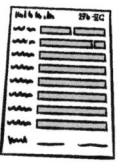

mbaadi

формуляр

dokiman

документ

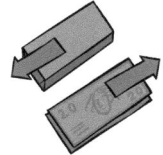

soodde

покупать

soodde

платить

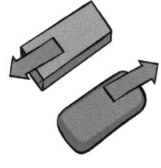

yeyde

торговать

kaalis

деньги

dolaar

доллар

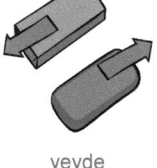 

eroo

евро

yen

иена

ruubal

рубль

faran Siwis

франк

yuwaan renminbi

жэньминьби юань

rupii

рупия

masinŋ keestordo kaalis

банкомат

nokku beccugol e neldugol

пункт обмена валюты

kanŋe

золото

kaalis

серебро

esaans

нефть

sembe

энергия

coggu

цена

kontara

договор

taks

налог

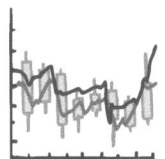

marsandiss moftaaɗo

акция

goliude

работать

gollinteeɗo

служащий

gollinoowo

работодатель

isin

фабрика

bitik

магазин

haajuuji
профессии

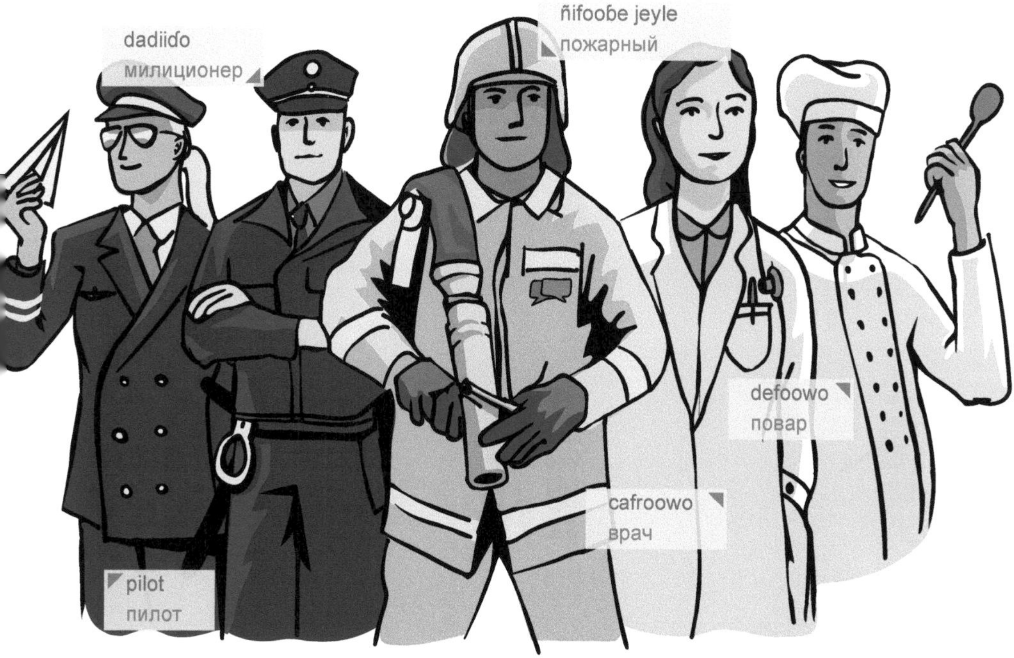
ñifooɓe jeyle
пожарный
dadiiɗo
милиционер
defoowo
повар
cafroowo
врач
pilot
пилот

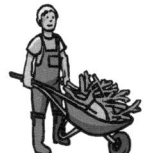

toppitiiɗo sardin

садовник

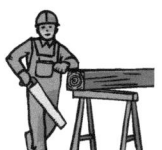

minise

столяр

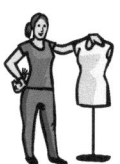

ñootoowo

швея

ñaawoowo

судья

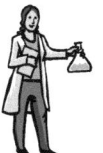

simist e ɗemngal farayse

химик

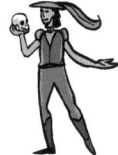

aktoor

актёр

dognoowo biis

водитель автобуса

dognoowo taksi

таксист

gawoowo

рыбак

pittoowo

уборщица

cengirɗe huɓeere

кровельщик

carwoowo

официант

daddoowo

охотник

pentiroowo

художник

piyoowo mburu

пекарь

gollowo kuura

электрик

mahoowo

строитель

enseñeer

инженер

jeyoowo teew keso

мясник

polombiyer

сантехник

nawoowo ɓatakuuji

почтальон

kooninke
солдат

diidoowo ɓahanteeri
архитектор

kestotooɗo
кассир

jeyoowo fuloraaji
флорист

mooroowo
парикмахер

dognoowo
кондуктор

mekanisiyenŋ
механик

kapiteen
капитан

cafroowo ƴiiƴe
зубной врач

miijotooɗo
ученый

kellifaaɗo diine to israayel
раввин

imaam
имам

muwaan e e ɗemngal
farayse
монах

kellifaaɗo diine heerereeɓe
священник

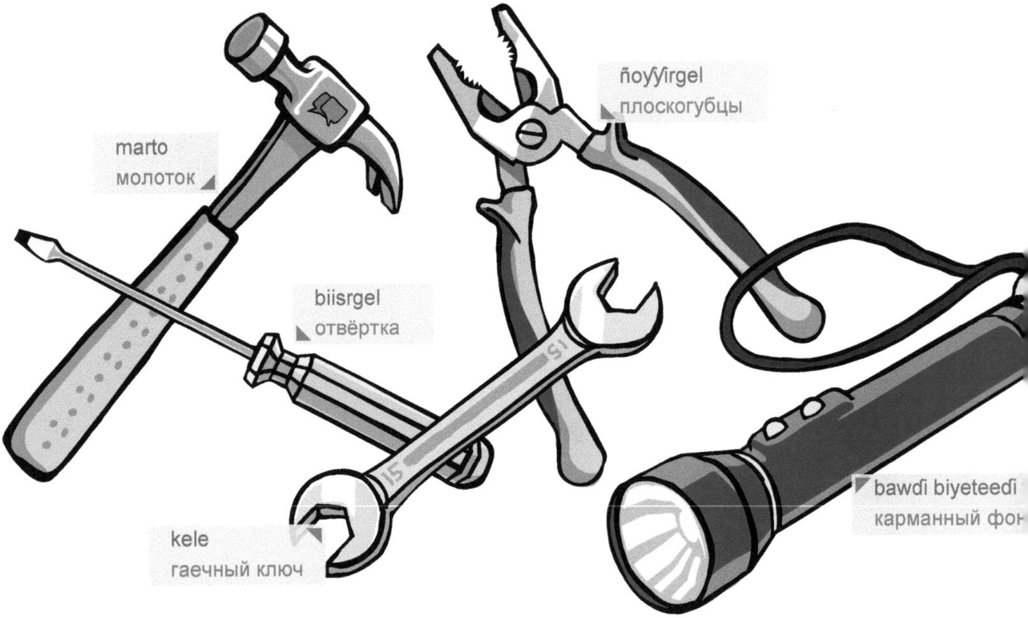

marto
молоток

ñoyýirgel
плоскогубцы

biisrgel
отвёртка

kele
гаечный ключ

bawɗi biyeteeɗi
карманный фон

pikku

экскаватор

baxanel kaborɗe

ящик для инструментов

ŋabbirgal

стремянка

tayírgal

пила

yíbirɗe

гвозди

julirgal

дрель

fewnitde

ремонтировать

nokkirgel

лопата

Soo!

Блин!

Boftirgel kurjut

совок

pot penttiir

ведро с краской

wiisuuji

винты

kongirgon misik
музыкальные инструменты

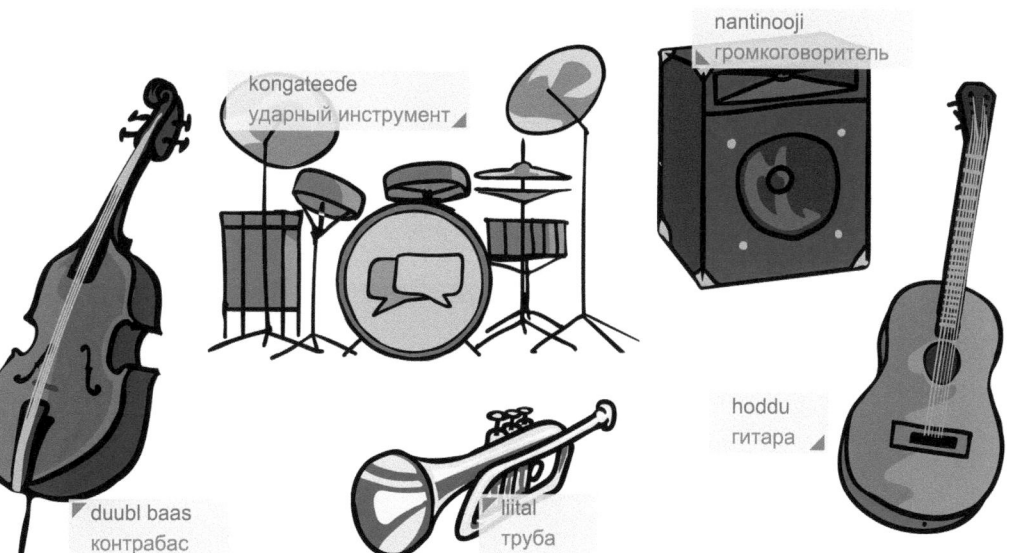

kongateeɗe
ударный инструмент

nantinooji
громкоговоритель

hoddu
гитара

duubl baas
контрабас

liital
труба

piayaano

пианино

wiyolon

скрипка

baas

бас-гитара

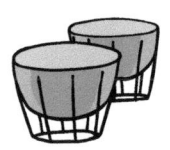

bowɗi biyeteeɗi timpani

литавры

bawɗi

барабан

tappirgal

синтезатор

saksofoon

саксофон

nguurdu

флейта

mikoro

микрофон

nokku kullon

зоопарк

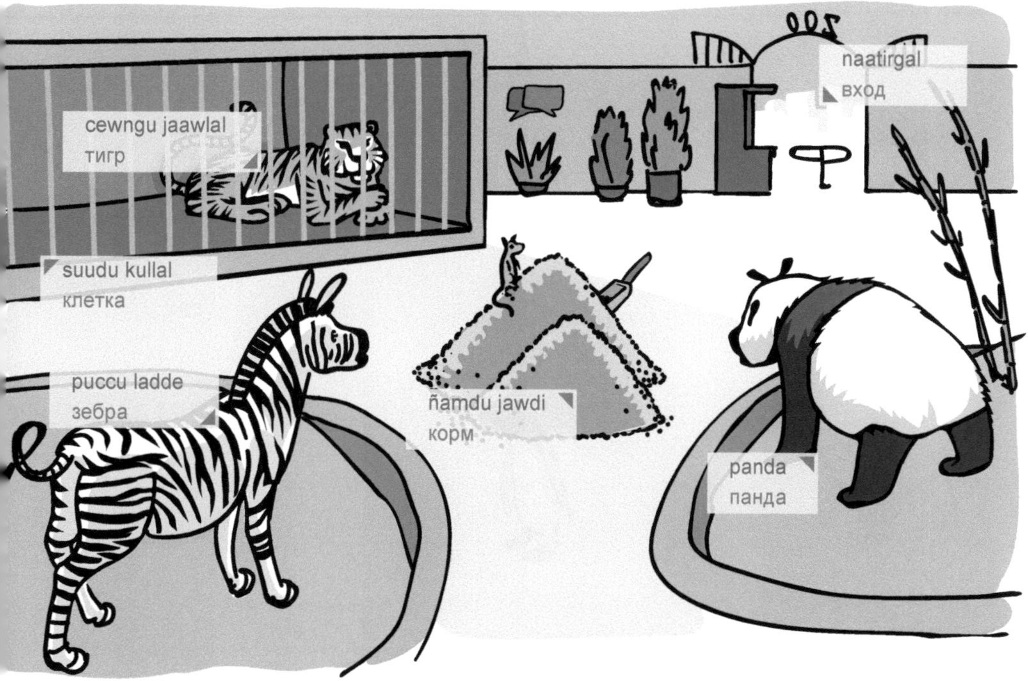

naatirgal
вход
cewngu jaawlal
тигр
suudu kullal
клетка
puccu ladde
зебра
ñamdu jawdi
корм
panda
панда

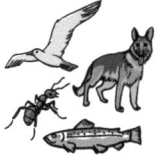

kulle

животные

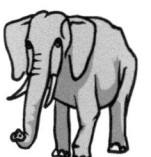

ñiiwa

слон

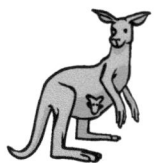

kanguru

кенгуру

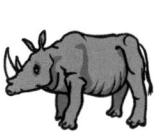

rinoseros

носорог

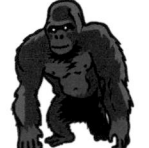

waandu mowndu

горилла

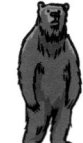

urs

медведь

ngelooba

верблюд

sundu burndu mownude

страус

mbaroodi

лев

waandu

обезьяна

ñaaral pural

фламинго

seku

попугай

urso galaas

белый медведь

liingu wiyeteendu penguwe

пингвин

lingu reke

акула

ndiwri wiyeteendu pawon

павлин

laadoori

змея

nooro

крокодил

deenoowo zoo

служитель зоопарка

togoori ndiyam wiyeteendu
fok e farayse

тюлень

cewngu

ягуар

molu

пони

cewngu

леопард

ngabu

бегемот

njabala

жираф

ciilal

орёл

mbabba tugal

кабан

liingu

рыба

heende

черепаха

kullal biyeteengal morse

морж

renaar

лиса

lella

газель

Fuggukoyngel Amerknaaɓe
американский футбол

dognugol welo
езда на велосипеде

tenis
теннис

beysbol
баскетбол

lumbagol
плавание

boks
бокс

fuggukoyngel e galaas
хоккей

Fuggukoyngel
футбол

badminton
бадминтон

atelettuuji
лёгкая атлетика

hanbol
гандбол

fijirɗe deggol e nees
лыжный спорт

polo
поло

diwde
прыгать

buucaade
обнимать

jalde
смеяться

yaade
идти

yimde
петь

hoyɗitaade
мечтать

juulde
молиться

buucaade
целовать

windude

писать

siifde

рисовать

hollude

показывать

duñde

нажимать

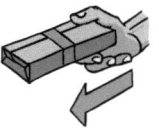

rokkude

давать

yettude

брать

deñde

иметь

waďde

делать

wonde

быть

ummaade

стоять

dogde

бежать

fooďde

тянуть

weddaade

бросать

yande

падать

fende

лежать

sabbaade

ждать

roonďaade

носить

jooďaade

сидеть

boornaade

надевать

ďaanaade

спать

finde

просыпаться

ỹeewde

рассматривать

woyde

плакать

helde

гладить

yeesaade

причесывать

haalde

говорить

faamde

понимать

naamnaade

спрашивать

heɗaade

слушать

yarde

пить

ñaamde

кушать

hawrinde

наводить порядок

yiɗde

любить

defde

готовить

dognude

ехать

diwde

летать

x

golle - действия 65

awyude

ходить под парусом

qimaade

считать

jangude

читать

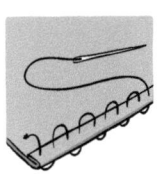

jangude

учиться

gollude

работать

resde

вступать в брак

ñootde

шить

soccaade ɲiiɲe

чистить зубы

warde

убивать

simmaade

курить

neldude

отправлять

ɓesngu
семья

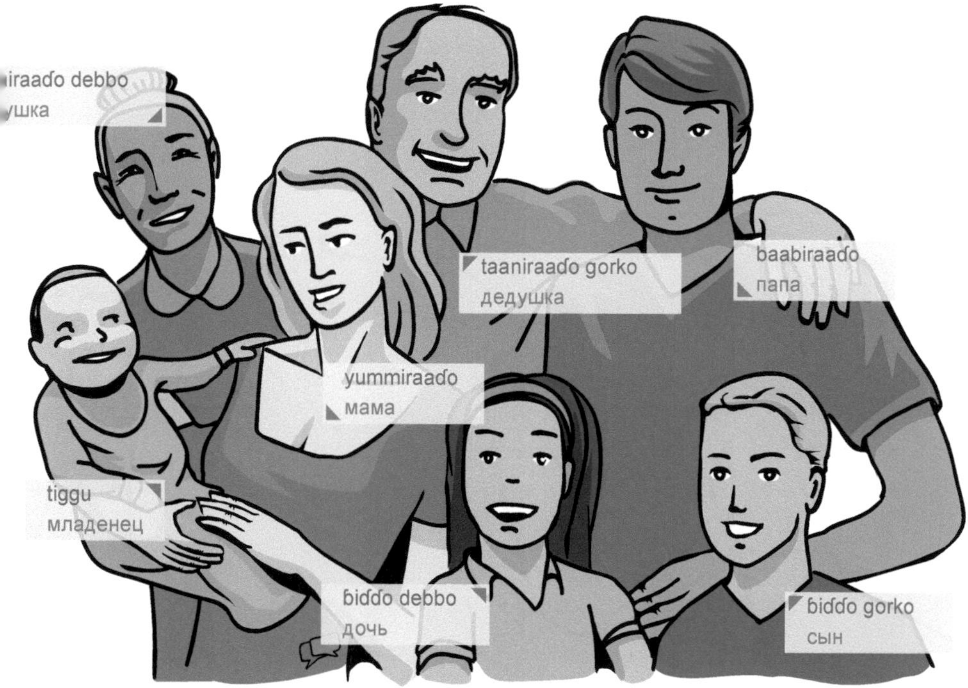

iraaɗo debbo
ушка
taaniraaɗo gorko
дедушка
baabiraaɗo
папа
yummiraaɗo
мама
tiggu
младенец
ɓiɗɗo debbo
дочь
ɓiɗɗo gorko
сын

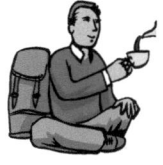

koɗo

гость

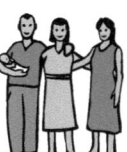

goggiraaɗo

тетя

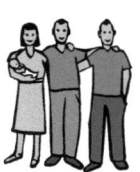

kaawiraaɗo

дядя

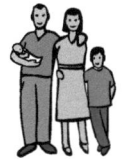

mowniraaɗo gorko

брат

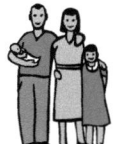

mowniraaɗo debbo

сестра

ɓandu

тело

tiinde
лоб
yiitere
глаз
walabo
плечо
feɗendu
палец
yeeso
лицо
waare
подбородок
jungo
кисть
koyngal
нога
endu
грудь
jungo
рука

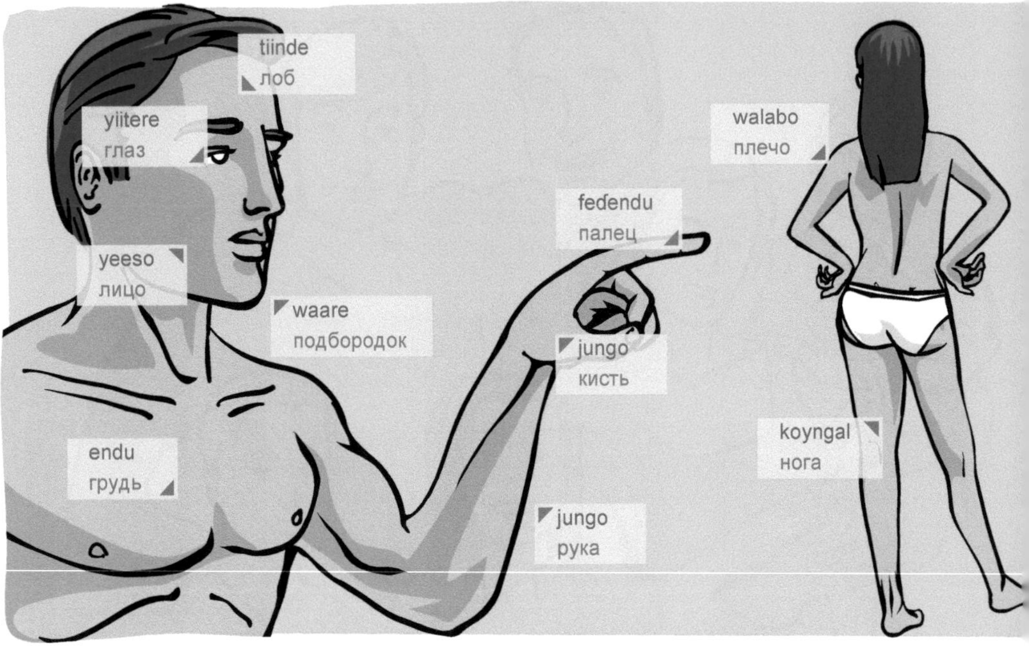

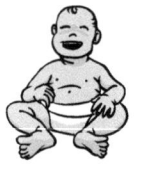

tiggu

младенец

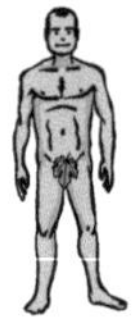

gorko

мужчина

debbo

женщина

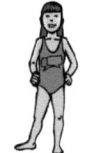

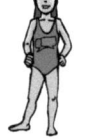

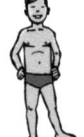

deftere kongoli

девочка

suka gorko

мальчик

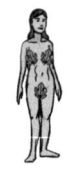

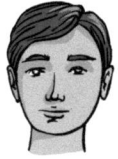

hoore

голова

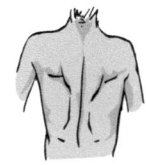

keeci

спина

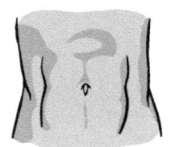

reedu

живот

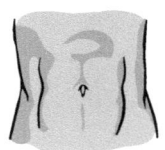

wuddu

пупок

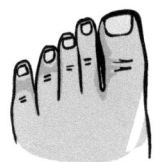

feɗendu koyngal

палец ноги

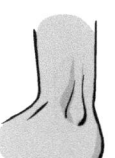

jabborgal

пятка

yiyal

кость

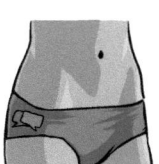

rotere

бедро

hofru

колено

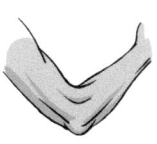

salndu junngu

локоть

hinere

нос

dote

ягодицы

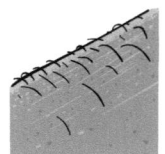

nguru

кожа

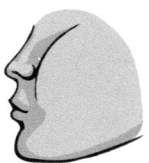

abbulo

щека

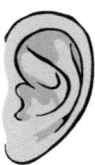

nofru

ухо

tonndu

губа

hunuko

рот

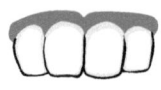

ñiire

зуб

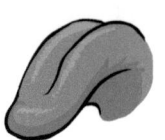

demngal

язык

ngaandi

мозг

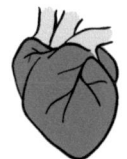

bernde

сердце

yiyal

мышца

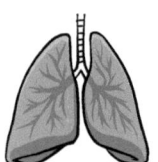

wecco

лёгкое

heeñere

печень

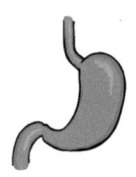

estoma

желудок

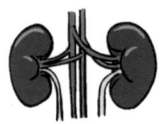

tekteki mawni

почки

terɗe

половой акт

laafa ndeenka

презерватив

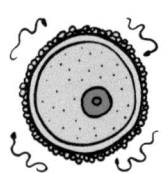

boccoonde maniya

яйцеклетка

maniya

сперма

reedu

беременность

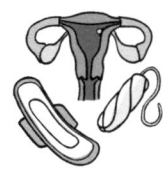

yiiỹam ella

менструация

farja

вагина

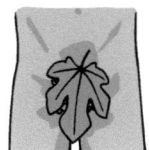

kaake

пенис

leeɓi dow yiitere

бровь

sukunndu

волосы

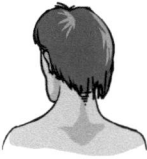

daande

шея

suudu safirdu

больница

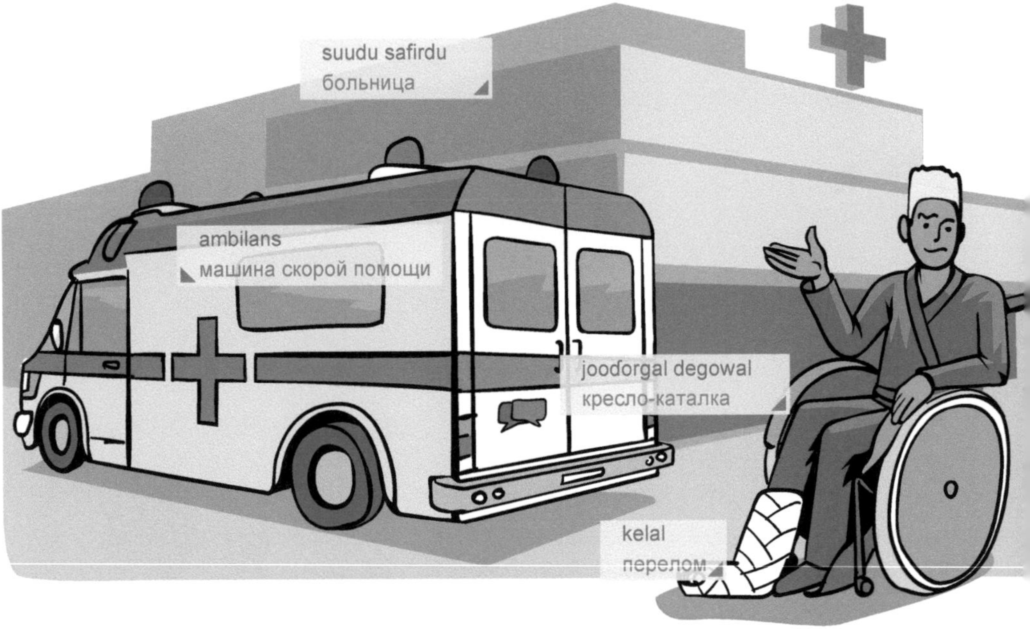

suudu safirdu
больница
ambilans
машина скорой помощи
jooɗorgal degowal
кресло-каталка
kelal
перелом

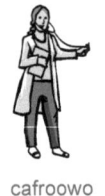

cafroowo

врач

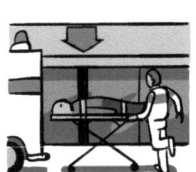

suudo irsaans

пункт первой помощи

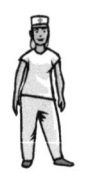

cafroowo

медсестра

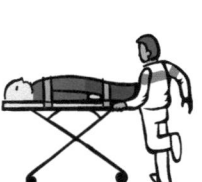

irsaans

неотложный случай

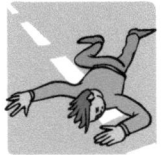

paɗɗiiɗo

без сознания

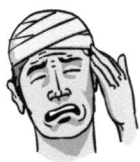

muuseeki

боль

gaañande

повреждение

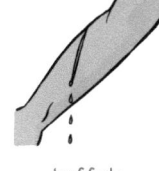

tuyƴude

кровотечение

bernde dartiinde

инфаркт

darogol bernde

инсульт

alersi

аллергия

ɗojjugol

кашель

nguleeki ɓandu

повышенная температура

maɓɓo

грипп

reedu dogooru

понос

muuseeki hoore

головная боль

kanser

рак

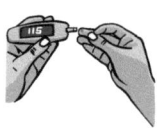

jabet

диабет

operasiyon

хирург

ceekirgel

скальпель

operasiyon

операция

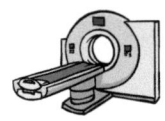

CT
КТ

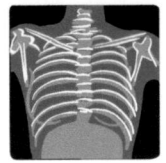

reyon-x
рентген

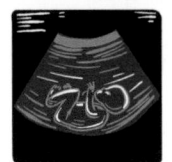

iltarason
ультразвук

mask yeeso
маска

ñaw
болезнь

suudu sabbordu
приёмная

sawru tuggorgal
костыль

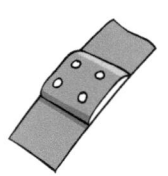

palatar
пластырь

bandaas
бинт

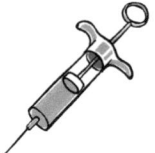

pikkitagol
укол

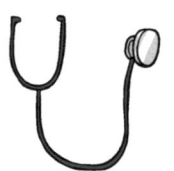

keɗirgel dille bandu
стетоскоп

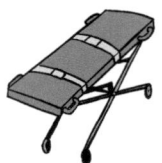

balankaaru
носилки

betirgel nguleeki banndu
термометр

jibinegol
рождение

bandu burtundu
избыточный вес

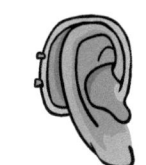

ɓallotirgel nonooje

слуховой аппарат

desefektan

дезинфекционное
средство

infeksiyon

инфекция

viris

вирус

HIV / SIDA

ВИЧ / СПИД

safaara

лекарство

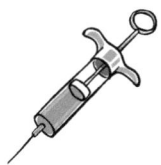

ñakko

прививка

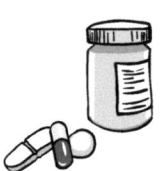

tabletuuji

таблетки

foɗɗere

противозачаточная
таблетка

noddaango heñoraango

экстренный вызов

betirgel dogdu ƴiiƴam

прибор для измерения
кровяного давления

sellaani / salli

больной / здоровый

tintinirgel

сигнал тревоги

jangol

нападение

Paaboɗe!

Помогите!

yande e

атака

musiiba

опасность

damal dandirgal

запасной выход

ñifirgel jeynge

огнетушитель

aksida

несчастный случай

Paaboɗe!

Пожар!

geɗe cafrorɗe gadane

аптечка

BALLAL

SOS

Polis

милиция

Erop

Европа

Amerik to Rewo

Северная Америка

Amerik to Worgo

Южная Америка

Afiriki

Африка

Asi

Азия

Ostarali

Австралия

Atalantik

Атлантический океан

Pasifik

Тихий океан

Oseyan Enje

Индийский океан

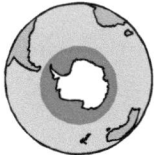

Oseyan Antarktik

Антарктический океан

Osean Arkatik

Северный Ледовитый
океан

Bange Rewo

Северный полюс

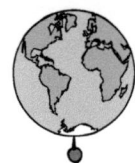

Bange Worgo

Южный полюс

Antarktik

Антарктика

Leydi

земля

leydi

суша

maayo mawngo

море

wuro nder ndiyam

остров

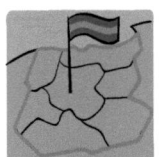

leydi

нация

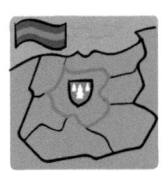

jamaanu

государство

yeeso montoor

циферблат

misalel waqtu

часовая стрелка

misalel hojomaaji

минутная стрелка

misalel majanđe

секундная стрелка

Hol waqtu jonđo?

Который час?

ñalawma

день

saha

время

jooni

сейчас

montoor disitaal

электронные часы

hojom

минута

waqtu

час

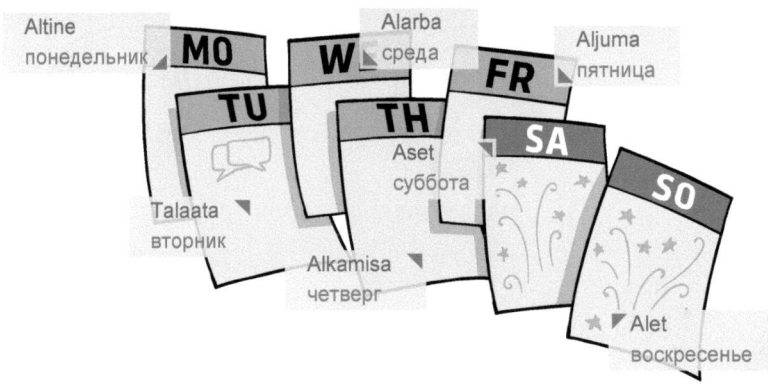

Altine
понедельник

Alarba
среда

Aljuma
пятница

Talaata
вторник

Aset
суббота

Alkamisa
четверг

Alet
воскресенье

hanki

вчера

hande

сегодня

jango

завтра

subaka

утро

beetawe

полдень

kikiiɗe

вечер

ñalawmaaji golle

рабочие дни

ñalamaaji fooftere

выходные

hitaande

год

tobo
дождь
timtimol
радуга
hendu
ветер
nees
снег
caggal dabbunde
весна
ndungu
лето
dabbunde
осень
dabbunde
зима

4.APRIL 11°
5.APRIL 4°
6.APRIL 13°
7.APRIL 8°
8.APRIL 10°

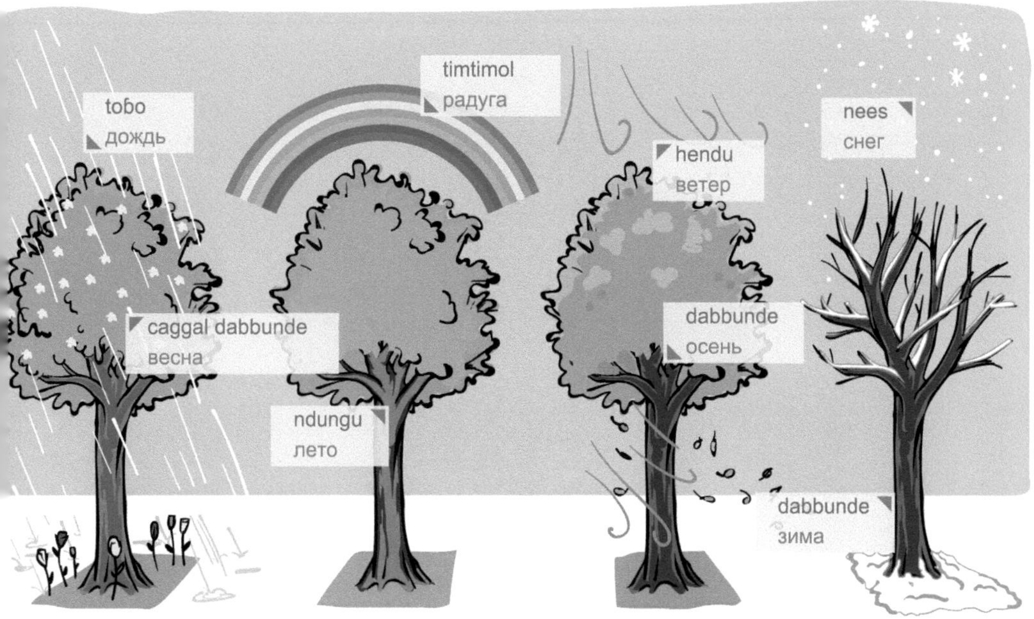

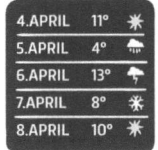

kabrugol geɗe weeyo

прогноз погоды

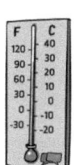

ɓetirgal nguleeki

термометр

nguleeki naange

солнечный свет

duulal

туча

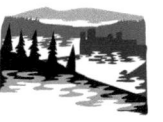

niɓɓere niwri

туман

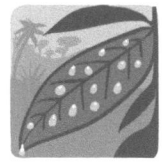

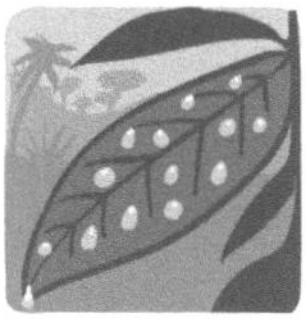

ɓuuɓol

влажность воздуха

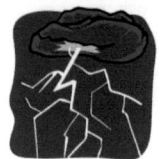

majaango

молния

gidango

гром

hendu yaduungo e gidaali

буря

toɓo mawngo

град

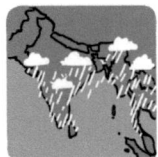

keneeli mawɗi

муссон

toɓo yooloongo

наводнение

galaas

лёд

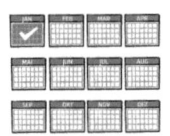

Janwiye

январь

Feeviriye

февраль

Mars

март

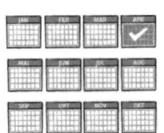

Awril

апрель

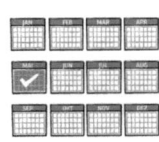

Me

май

Suwe

июнь

Suliye

июль

Ut

август

Setanbar

сентябрь

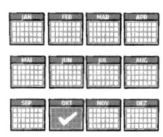

Oktobar

октябрь

Noowambar

ноябрь

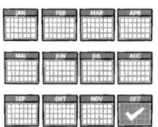

Desambar

декабрь

Mbaadi
формы

taariɗum

круг

bangeeji potɗi

квадрат

rektangal

прямоугольник

tiriyangal

треугольник

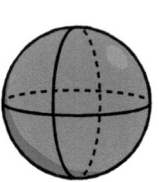

esfeer

шар

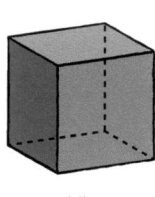

kib

куб

deneejo

белый

puro

желтый

oraas

оранжевый

roos

розовый

boɗeejo

красный

yolet

лиловый

bulaajo

синий

werte

зелёный

baka

коричневый

giri

серый

ɓaleejo

черный

heewi / famɗi

много / мало

mittinɗo / deeyɗo

яростный / мирный

yooɗi / soofi

красивый / уродливый

fuɗɗorde / gasirde

начало / конец

mawni / famɗi

большой / маленький

leeri / ɗibbiɗi

светлый / темный

mawniraaɗo gorko / debbo

брат / сестра

laaɓi / tulmi

чистый / грязный

timmi / manki

полный / неполный

ñalawma / jamma

день / ночь

mayi / wuuri

мёртвый / живой

yaaji / ɓitti

широкий / узкий

ñaame / ñaametaake

съедобный / несъедобный

bonɗum / moyƴi

злой / дружелюбный

weelti / deeyi

взволнованный / скучающий

ɓutto / cewɗo

толстый / худой

gadiiɗo / cakkitiiɗo

сначала / в конце

sehil / gaño

друг / враг

heewi / ɓolɗi

полный / пустой

tiiɗi / hoyi

твёрдый / мягкий

teddi / hoyi

тяжёлый / легкий

heege / ɗomka

голод / жажда

seiiaani / salii

больной / здоровый

dagaaki / dagi

незаконный / законный

yoyi / yiyaani

умный / глупый

ñaamo / nano

слева / справа

ɓadi / woɗɗi

близко / далеко

keso / kiiɗɗo

новый / подержанный

haydara / huunde

ничто / нечто

nayeeji / suka

старый / молодой

ne heen / ala heen

включено / выключено

udditi / uddi

открыто / закрыто

deeyi / dilla

тихо / громко

galo / baasɗo

богатый / бедный

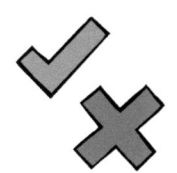

feewi / feewaani

правильный / неправильный

tekki / ɗaati

шероховатый / гладкий

suni / weelti

печальный / счастливый

daɓɓo / jutɗo

короткий / длинный

leeli / yaawi

медленный / быстрый

leppi / yoori

мокрый / сухой

wuli / ɓuubi

тёплый / прохладный

hare / jam

война / мир

0

meere

ноль

1

goo

один

2

điđi

два

3

tati

три

4

nay

четыре

5

joy

пять

6

jeegom

шесть

7

seeđiđi

семь

8

jeetati

восемь

9

jeenay

девять

10

sappo

десять

11

sappo e goo

одиннадцать

12

sappo e ɗiɗi

двенадцать

13

sppo e tati

тринадцать

14

sappo e nay

четырнадцать

15

sappo e joy

пятнадцать

16

sappo e jeegom

шестнадцать

17

sappo e jeeɗiɗi

семнадцать

18

sappo e jeetati

восемнадцать

19

sappo e jeenay

девятнадцать

20

noogas

двадцать

100

teemedere

сто

1.000

ujunere

тысяча

1.000.000

miliyonŋ

миллион

Angale

английский

Angale Amerik

американский английский

Mandare Siin

мандаринский китайский

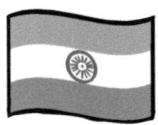

Indo

хинди

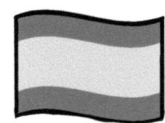

Español

испанский

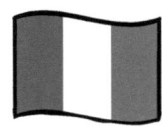

Farayse

французский

Arab

арабский

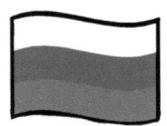

Riis

русский

Portige

португальский

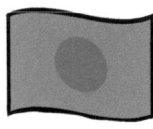

Bengali

бенгальский

Alma

немецкий

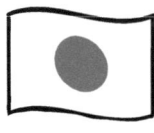

Sappone

японский

miin

я

ann

ты

kanŋko / kanŋko / kañum

он / она / оно

minen

мы

onon

вы

kamɓe

они

holi oon?

кто?

hol ɗum?

что?

hol no?

как?

hol toon?

где?

mande?

когда?

HELLO, I AM

innde

имя

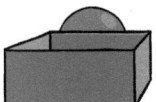

caggal

за

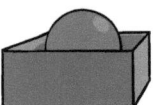

nder

в

yeeso

перед

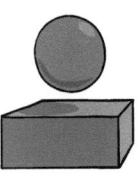

hedde

над

dow

на

les

под

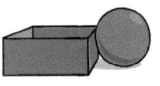

sara

рядом

hakkunde

между

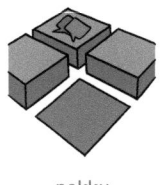

nokku

место